La Luna

Sara Cucini y
Katie Gillespie

EYEDISCOVER

Ve a **www.eyediscover.com**
e ingresa el código único
de este libro.

CÓDIGO DEL LIBRO

AVW53528

EYEDISCOVER te trae libros
mejorados por multimedia que
apoyan el aprendizaje activo.

Published by AV² by Weigl
350 5ᵗʰ Avenue, 59ᵗʰ Floor   New York, NY   10118
Website: www.eyediscover.com

Library of Congress Control Number: 2019936203

ISBN 978-1-7911-0792-5 (hardcover)

Printed in Guangzhou, China
1 2 3 4 5 6 7 8 9 0 23 22 21 20 19

042019
111918

English Editor: Katie Gillespie
Spanish Project Coordinator: Sara Cucini
Designer: Mandy Christiansen
Spanish/English Translator: Translation Services USA

Weigl acknowledges Getty Images and iStock as the
primary image suppliers for this title.

EYEDISCOVER proporciona contenido enriquecido, optimizado para el uso en tabletas, que
complementa este libro. Los libros de EYEDISCOVER se esfuerzan por crear un aprendizaje
inspirado e involucrar a las mentes jóvenes en una experiencia de aprendizaje total.

Yo soy un león.

Mira
El contenido de video da
vida a cada página.

Navega
Las miniaturas simplifican
la navegación.

Lee
Sigue el texto
en la pantalla.

Escucha
Escucha cada página
leída en voz alta.

Tu EYEDISCOVER con Seguimiento de Lectura Óptico cobra vida con...

Audio
Escucha todo el libro
leído en voz alta.

Video
Los videos de alta resolución
convierten cada hoja en un
seguimiento de lectura óptico.

OPTIMIZADO PARA

 TABLETAS

 **PIZARRAS ELECTRÓNICAS**

 **COMPUTADORES**

✓ **¡Y MUCHO MÁS!**

La Luna

En este libro, aprenderás

- cómo es la Luna

- qué es un eclipse

- cuántos años tiene la Luna

¡y mucho más!

3

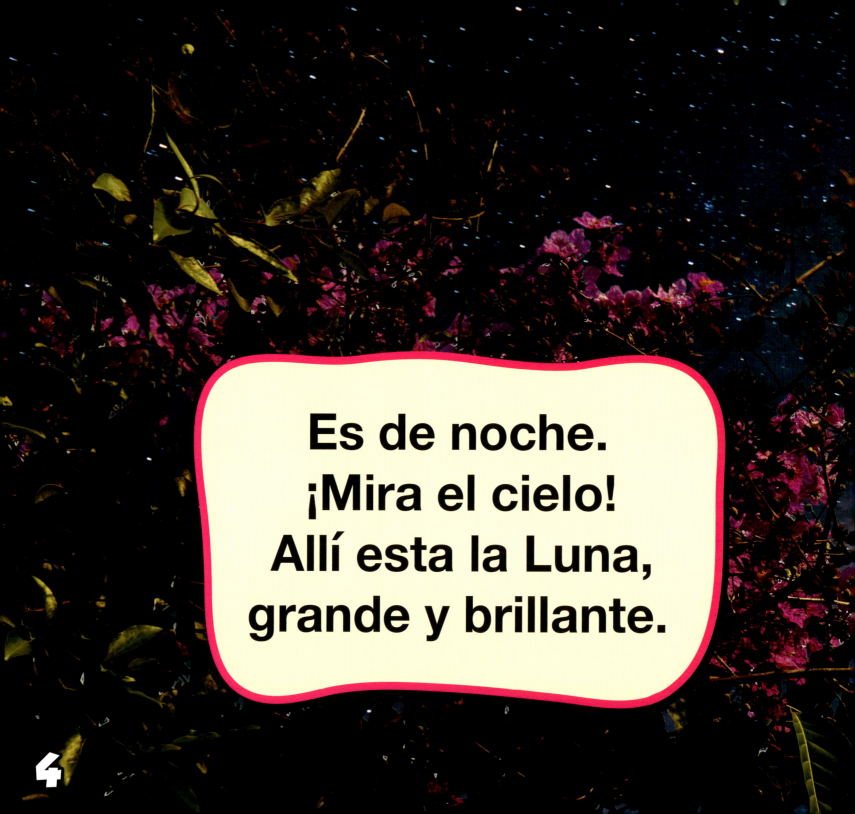

Es de noche.
¡Mira el cielo!
Allí esta la Luna,
grande y brillante.

La Luna se mueve alrededor de la Tierra. Al moverse, parece que cambia de forma.

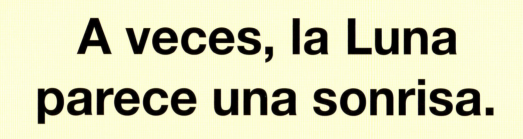

A veces, la Luna parece una sonrisa.

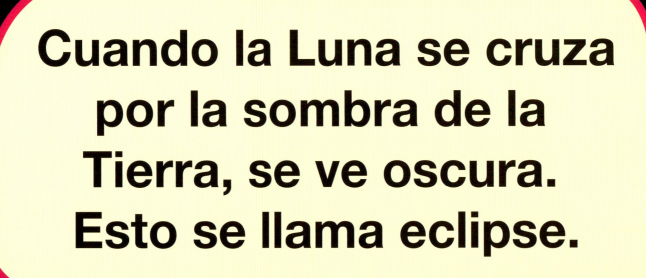

Cuando la Luna se cruza por la sombra de la Tierra, se ve oscura. Esto se llama eclipse.

11

Cuando la Luna está muy cerca de la Tierra, se ve enorme en el cielo. Algunos la llaman superluna.

Cuando la Luna pasa cerca de la Tierra, el océano crece en algunos lugares. Cuando la Luna se aleja, vuelve a bajar.

La Luna tiene muchos agujeros y montañas. Se han tomado fotos y hecho mapas de ellos.

17

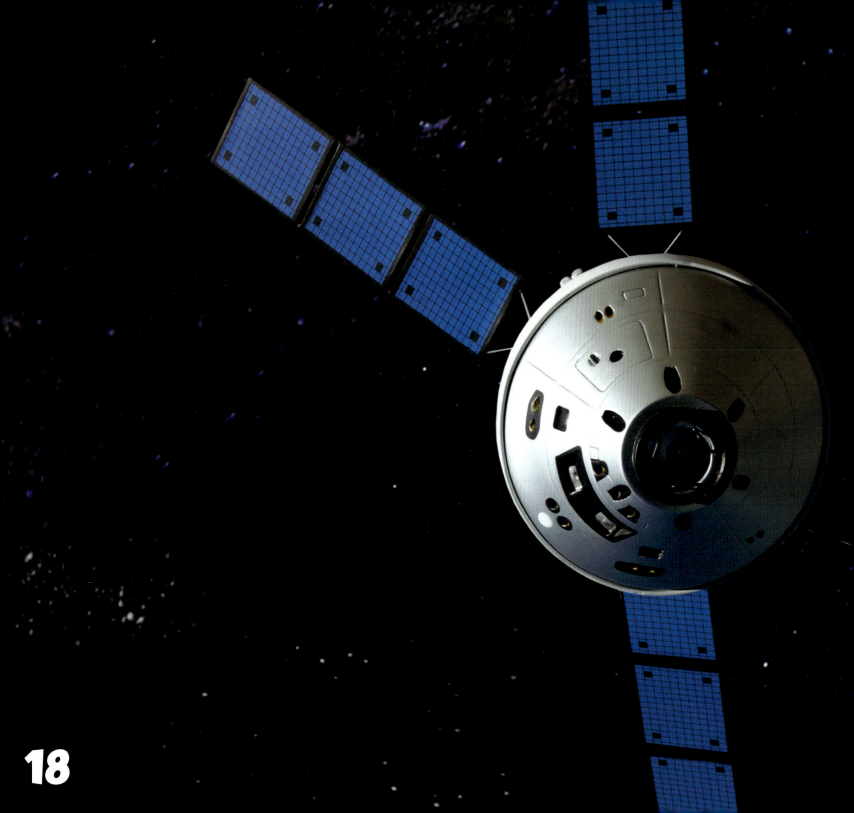

El hombre ha viajado seis veces a la Luna para explorarla. Una nave espacial puede llegar a la Luna en casi 3 días.

Los astronautas han caminado en la Luna. Dejaron sus huellas y también una bandera.

21

LA LUNA EN NÚMEROS

La Luna tiene unos **4.500 millones** de años.

★ **Desde la Tierra, solo se puede ver** el **59 por ciento** de la Luna.

La Luna está a **238.857 millas** (384.403 kilómetros) **de la Tierra**.

En la Luna, pesarías **una sexta parte** de lo que pesas en la Tierra.

Los **astronautas** dejaron **huellas** en la Luna que quedarán allí por **10 millones de años**.

En la Luna, la temperatura **puede llegar a los 260° Fahrenheit** (127° Celsius) **durante el día** y **-280°F** (-173°C) **por la noche**.

Mira
El contenido de video da vida a cada página.

Navega
Las miniaturas simplifican la navegación.

Lee
Sigue el texto en la pantalla.

Escucha
Escucha cada página leída en voz alta.

Ve a **www.eyediscover.com** e ingresa el código único de este libro.

CÓDIGO DEL LIBRO

A V W 5 3 5 2 8